(3)

Il eſt inutile d'entrer dans de plus grands détails ſur la ſolidité de l'emploi de ces ſommes : afin de ne nous pas répéter, nous renvoyons à la brochure imprimée, par laquelle on pourra ſe mettre au fait des productions de ce pays, & à l'édit (1) du congrès qui fera connoître les lois ſous leſquelles on y vivra.

Il ſuffit, quant à préſent, de récapituler brièvement les propoſitions que font les propriétaires des 3,000,000 d'acres de terre ſuſdites. Ils offrent de les vendre à raiſon de ſix livres l'acre, ce qui formera la ſomme de dix huit millions payables par époques à de certains termes de la manière ſuivante.

Octobre 1789.	. . . .	1,500,000	La première moitié des paiemens ſaits par les fonds provenant de la vente des actions, & montant à neuf millions.
Avril 90.	. . . .	1,500,000	
Octobre 90.	. . . .	1,500,000	
Avril 91.	. . . .	1,500,000	
Octobre 91.	. . . .	3,000,000	
Avril 92.	. . . .	3,000,000	La ſeconde moitié des paiemens faits par les fonds provenant des produits de ces terres, & montant auſſi à neuf millions.
Avril 93.	. . . .	3,000,000	
Avril 94.	. . . .	3,000,000	

Par les arrangemens ci-après indiqués, il ſera prouvé, comment les avances à faire ſur cette ſomme ſe réduiſent en effet à ſept millions huit cens mille livres, & ce n'eſt que fondé ſur une probalité de réuſſite qui approche de la certitude, que les propriétaires peuvent conſentir à des paiemens auſſi éloignés qu'en 1793 & 1794. Ils ſavent que les produits ſuffiront pour payer bien au-delà de ce qui ſera dû : dès après le troiſième paiement, il y aura

---

(1) L'édit eſt traduit en françois ; mais il n'eſt pas imprimé. On peut le voir, ainſi que les pièces qui juſtifient les pouvoirs des Agens.

un furplus confidérable ; au cinquième & au fixième les revenus fuffiront & au-delà à payer les termes qui échéront alors ; après quoi les profits , qu'on peut évaluer avec beaucoup de vraifemblance à 8 millions par an , toutes déductions faites , refteront nets aux acquéreurs.

Il n'y a donc certainement point de meilleur moyen de fe procurer un grand revenu que de prendre de ce terrein , & d'en prendre en auffi grande quantité qu'il eft poffible ; mais il y a un moyen de hâter la rentrée des deniers qu'on aura débourfés pour l'acquérir. Dès qu'il fera connu qu'on a mis en avant une fomme confidérable pour peupler ce pays & pour le cultiver, il viendra des colons & des habitans de toutes les autres parties de l'Amérique, & en particulier du Nord : alors la compagnie pourra, fi elle le juge à propos , vendre la moitié des terres qu'elle aura acquifes , avant même de les avoir payées, & elle vendra , cela eft très-probable, cette moitié pour le même prix que lui aura coûté le tout.

Mais, dira-t-on peut-être , pourquoi les propriétaires actuels fe défont-ils d'un terrein d'un fi immenfe produit ? La réponfe eft claire. *Ils gardent tout ce qu'ils peuvent mettre en valeur, ce qu'ils cultivent déja ; ils ne vendent que ce que , quant à préfent au moins , ils ne voyent pas pouvoir faire valoir.*

Quant à l'acquifition de ce vafte terrein ; il eft avantageux pour les raifons qu'on détaillera dans la fuite , & d'après les calculs qu'on va préfenter , qu'il fe forme une *compagnie* qui fe charge & de l'achat & de la culture de ces terres.

Plufieurs peuples de l'Europe, & principalement les Français & les Anglais, ont employé beaucoup d'argent pour fe procurer des revenus aux dépens des habitans des autres pays ; c'eft au moyen du droit *de mettre des impôts fur ces peuples* qu'ils ont cru pouvoir remplir leur plan à cet égard.

L'Amérique offre une fource de richeffes plus naturelle

PROSPECTUS

POUR L'ÉTABLISSEMENT

SUR LES RIVIERES D'OHIO ET DE SCIOTO,

EN AMÉRIQUE.

Les États-unis assemblés en congrès ayant vendu 5 millions d'acres (1) de terrein, situés fur les rivières d'Ohio & de Scioto, en Amérique, à un certain nombre de perfonnes qui ont formé une compagnie dans l'intention de cultiver & de peupler ce terrein ; & cette compagnie, trouvant que 2 millions d'acres font autant qu'il lui en faut pour les bien exploiter, *fe propofe de vendre les autres 3 millions d'acres qui compofent la partie occidentale de ce territoire, dont une partie eft contigue à celle qu'ils mettent actuellement en culture.*

La nature du fol & l'excellence du climat, auffi-bien que les chofes que ce terrein produit, font décrites dans une brochure traduite de l'original Anglais, imprimée en Amérique. La vérité des faits rapportés dans cette brochure eft non-feulement atteftée par M. Thomas Hutchins, Ecuyer, géographe des Etats-unis, mais encore par le rapport unanime de tous les voyageurs, de toutes les perfonnes qui ont vu ce pays & qui toutes en font une defcription parfaitement uniforme.

Toutes s'accordent à dire que le terrein de ce canton eft un des plus fertile qu'il y ait dans le monde.

Il faut joindre à la bonté du climat & à l'excellence du fol, la bonté du gouvernement, peut-être même cet avantage devroit il occuper le premier rang : il fe trouve fans contredit par excellence dans ce pays au-deffus de tous les autres.

---

(1) L'acre anglais eft d'un arpent & un quart à-peu-près.

A

Le gouvernement anglais eſt généralement regardé comme le meilleur de ceux qui exiſtent en Europe. Le gouvernement américain, qui doit être confidéré plutôt comme le gouvernement anglais *corrigé*, que comme ce même gouvernement *imité*, a cet avantage ſur celui-ci, que les individus en jouiſſent moyennant 3 liv. 12 ſ. par an, tandis qu'en Angleterre ils payent pour la jouiſſance de leur liberté 55 livres.

L'Europe, l'Aſie & l'Afrique ont été peuplés dans les tems d'ignorance, & jamais on n'en effacera entièrement les traces ; ce n'eſt qu'en Amérique, où en jouiſſant de tout le bonheur qu'on a droit d'attendre de la liberté du climat & du ſol, on peut mettre en exécution pour un vaſte pays le même plan qu'on adopteroit pour la terre d'un particulier.

Tout homme raiſonnable conviendra que les plus grandes fortunes qui exiſtent dans le monde, ont commencé par de ſimples acquiſitions de bons terreins, mais faites avant qu'ils euſſent leur pleine valeur ; or c'eſt ſur une telle baſe que la ſpéculation ſuivante eſt fondée ; elle eſt appuyée ſur des faits inconteſtables.

Et d'abord qu'on ne perde jamais de vue, que les ſommes confidérables dont il faudra débourſer neuf dixièmes ſelon le plan qu'on propoſe, ſont deſtinées, à l'acquiſition de terres, qui, dans huit ans au plus tard, auront plus du double de la valeur à laquelle on les met, quand même on n'y envoyeroit pas de cultivateurs; parce qu'elles ſont contigues à d'autres terres qu'on exploite & qu'on cultive actuellement. Les ſommes pour acquérir ces terreins feront pour cette raiſon bien employées, *& ne peuvent point être perdues*. On n'affirmera pas préciſémnet la même choſe des ſommes qu'on avanceroit pour les frais de l'établiſſement, mais, en avouant pour un moment, *qu'il ſeroit poſſible* que ces dernières ſommes puſſent être perdues, nous dirons que cela n'eſt pas probable, il n'eſt pas même poſſible que dans aucun cas elles le fuſſent entièrement.

& plus avantageufe dont il eft facile de tirer des revenus femblables & même bien plus confidérables.

La richeffe du fol & la bonté du climat de ces contrées affurent des profits qui excédent de beaucoup les fommes qu'on pourroit fe procurer par le moyen des impôts, & c'eft fur cette idée feule, également folide & avantageufe, que le plan fuivant eft fondé.

Lorfqu'un particulier fait l'acquifition d'un terrein dans un pays éloigné, il n'eft pas long-tems fans s'appercevoir qu'il eft de fon intérèt de s'y établir ; ainfi le defcendant d'un Français qui fera propriétaire de vingt mille acres de terre en Amérique, & qui par là fe procure un revenu de cent mille livres, ira, ou plutôt ou plutard, habiter ces terres, & deviendra lui-même Américain.

C'eft pour cela précifément qu'on préfére d'adreffer la propofition préfente à une compagnie, qui eft cenfée être toujours fixée à Paris ; & au moyen de cette réfidence dans la capitale, les revenus de ces terres, frais déduits, viendroient conftamment en France, revenus qu'il faut évaluer au moins à la fomme de trois à cinq livres par acre l'un dans l'autre.

Comme il y auroit environ huit à dix acres à acquérir pour chaque individu, le produit de la rente de ces huit à dix acres équivaudroit fans contredit un impôt de trente fix livres fur chaque perfonne, dans une contrée où les terres auroient été ainfi achetés. Et combien des rentes de cette nature ne font-elles pas préférables à l'argent qui réfulte d'impôts, qui toujours fuppofent l'oppreffion & la contrainte ? combien cette méthode n'eft-elle pas plus humaine dans fes principes ; combien n'eft-elle pas plus appropriée à ce que l'homme doit à fon femblable ; enfin combien de pareils profits ne font-ils pas plus affurés ?

En débourfant une fomme raifonnable, en travaillant au bonheur d'un grand nombre de perfonnes, & en leur affurant une exiftence aifée & honnête, on fe procure en même-tems un revenu confidérable qui n'eft fujet à aucun des événemens auxquels *les projets des hommes font or-*

DINAIRÉMENT exposés ; la culture étant le moyen le plus durable & le plus affuré que la nature ait donné à l'homme pour récompenfer fes travaux. En conféquence l'on ne mettra point ici en ligne de compte les profits qui pourroient réfulter de l'exploitation des mines qu'on trouve dans cette contrée, ni les avantages qui pourroient découler du commerce des pelleteries ; on fe bornera uniquement à expofer les revenus qui doivent réfulter de la culture des terres, encore eftimera-t-on ces profits fur le pied le plus bas.

Dans un fiècle éclairé par les lumières de la raifon, & où l'on à porté l'art de calculer à un fi haut degré, abandonnons tout fyftême injufte & extravagant, pour ne fuivre que des plans qui foyent fondés fur l'humanité & fur l'évidence.

Si dans celui qu'on propofe ici, les apparences d'un *bénéfice confidérable* fe trouvent liées à celles d'une *fûreté inconteftable* ; chofe qui a rarement lieu en même-tems, on doit l'attribuer à ce que dans cette entreprife, *la nature contribuera plus à faire augmenter la valeur des propriétés que ne le pourroient faire tous les efforts de quelque compagnie que ce foit.* Comme le nombre des habitans ira toujours en augmentant, dès qu'on aura jetté les premiers fondemens de cet établiffement, ainfi que cela eft toujours arrivé en Amérique dans les différens établiffemens qu'on y a formé, & qu'il eft hors de doute que cela aura lieu fur-tout fur une portion de terre auffi fertile & auffi heureufement fituée, au milieu de rivières navigables, dans un climat doux & favorable, fous le trente-neuf à quarante & unième degré de latitude, & fous un gouvernement libre & bien établi, il eft impoffible qu'il ne profpère avec rapidité.

Ces terres font bornées au midi par la rivière d'Ohio ; à l'oueft par celle de Scioto ; à l'orient par une partie de cette même rivière d'Ohio & par les terres adjacentes de la compagnie de l'Ohio, & elles s'étendent affez au Nord, entre ces deux rivières pour renfermer la quantité fufmentionnée de trois millions d'acres, non comprifes quelques donations & quelques réferves exprimées *dans l'acte de vente*. On peut fe faire une idée & de la qualité du terrein & de fa fituation locale par la brochure fufdite dans laquelle on fait l'explication de la carte topographique ci - jointe à laquelle elle fe rapporte. Ce pays eft fitué comme il a été dit plus haut vers le trente-neuvième degré de latitude, dans un climat auffi fain que tempéré & pur, le fol en eft bien exactement tel qu'il eft décrit dans cette brochure, fi même il n'eft pas au-deffus de ce qu'on y en dit, & il eft fertile en productions des plus intéreffantes (1). Ce terrein fitué entre deux larges riviè-

---

(1) Une preuve inconteftable de la fertilité du fol dans un territoire neuf fe tire de la multitude confidérable de gibier que la terre fans culture y nourrit & y entretient, fans que l'homme y contribue en quoi que ce foit. Sur les bords de l'Ohio, les troupeaux de buffles & de bêtes fauves, les dindons, les oyes, les canards, les Cygnes abondent, la rivière eft pleine d'excellens poiffons ; tout cela y eft en fi grande quantité, que les cultivateurs, pendant les deux premières années après leur arrivée, n'ont befoin de faire aucunes dépenfes pour fe procurer les viandes néceffaires à la nourriture. L'expérience l'a démontré ; les arpenteurs & ceux qui étoient à leur fuite en ont fait l'épreuve ; en fe faifant accompagner d'un chaffeur adroit, ils out procuré la nourriture pour quarante ou cinquante perfonnes qui travailloient dans leur département.

Les généraux Parfons & Buttler, lorfqu'ils étoient occupés à faire le traité de 1785 avec les Indiens, prirent avec eux une fuite de cent cinquante perfonnes ; ils avoient emmené trente bœufs gras, afin de fournir leur fuite de bœuf ; ils vinrent à la rivière Miami, un peu au-deffous du Scioto, où le traité devoit être conclu dans le mois de novembre, & ils y reftèrent jufqu'au mois de mars fuivant ; leurs chaffeurs leur apportèrent une fi grande abondance de toute forte de gibier excellent & de poiffons, qu'ils ne furent pas obligés de tuer *aucun de leurs bœufs*. Ils ne recueillirent point de fourrage pour leurs bêtes à corne, & dans le printems on les ramena tous dans des bateaux le long de l'Ohio, auffi gras que lorfqu'ils étoient venus ; ils s'étoient nourris des herbages qui croiffent naturellement pendant l'hiver. Cette circonftance prouve la douceur du climat, l'excellence du fol naturel, & du fourrage qui y croit, auffi-bien qu'il démontre la bonté & l'abondance du gibier.

Quand le gibier commenceroit à diminuer, alors les bêtes à corne & les porcs prendroient fa place ; il fuffit d'en avoir quelques-uns qui foient en état de féconder & de porter, pour que le nombre en augmente bientôt par milliers, fans faire prefque aucune dépenfe, & ils s'engraifferont bientôt au point qu'ils feroient bons pour le couteau.

Le général Scott, qui partit de New-Yorck pour l'Ohio dans l'année 1783, rapporte qu'en fait de porcs, la fouche qui devoit fervir à fa provifion commença cette année par une feule femelle, la multitude de gibier fit qu'on n'eut pas befoin de la tuer, ni elle ni fes petits ; ils coururent par-tout, & fe nour-

res à toutes les commodités qu'on peut défirer dans un pays de commerce ; d'ailleurs la communication avec le Lac Erié & avec le Canada par le Scioto , & avec tout le territoire occidental par l'Ohio, lui affure plus d'avantages qu'on ne peut en rencontrer dans aucun pays connu.

A ces avantages que le territoire en queftion a reçus de la nature , il faut en ajouter quelques-uns qui font accidentels. Voici les principaux.

1°. Le centre des Etats-unis fe trouve à-péu-près dans cet endroit : ce qui rend probable les raifons données dans cette brochure pour démontrer qu'il ne s'écoulera qu'un petit nombre d'années avant que le chef-lieu du gouvernement américain foit établi fur les bords de l'Ohio.

2°. L'édit donné par le congrés pour l'adminiftration du territoire occidental dont il eft ici queftion. Cet édit fixe fon organifation de manière que ce pays fera formé en Etats , & détermine que le centre d'un de ces états à l'eft fera fur le Scioto.

3°. Le congrés en vendant ces terres , a pris en confidération tout ce qui peut contribuer à l'ordre , à la dignité & au bonheur de ces établiffemens : le pays fera fubdivifé en municipalités de fix milles , où deux lieues quarrées , celles-ci feront divifées en trente-fix parties égales d'un mille quarré chacune ; cinq de ces parties dans chaque municipalité feront deftinées , une partie pour des écoles d'éducation , une partie pour l'entretien des eccléfiaftiques , & les trois autres parties refteront à la difpofition du congrès.

Deux municipalités entières de 46 à 80 acres vers le centre du pays font réfervées pour les revenus d'une univerfité. Ces donations & ces réferves *ne font point com*

---

rirent dans ce pays jufqu'en 1787 , que leur nombre étoit monté à au-delà de trois mille. Cela paroîtra peut-être au premier coup-d'œil extraordinaire ; mais il n'y a qu'à concevoir que la moitié des petits foient des femelles , & que chaque femelle produife treize petits par an pendant quatre ans ; fouvent il arrive qu'une truye en met bas le double.

prifes

prifes dans la commenfuration des trois millions d'acres fufdits & ne feront conféquemment point payées. Elles contribuent au contraire par leur deftination à augmenter de beaucoup la valeur de ceux-ci.

4°. Un certain nombre de perfonnes à fait fous la dénomination *de compagnie de l'Ohio*, un établiffement pareil à celui qu'on propofe fur la rivière de Muskingam dans une étendue de pays qui touche celui dont il eft queftion ici. Cette compagnie a commencé à prendre fes dimenfions & à faire fes établiffemens dès 1788 ; il y à actuellement mille habitans dans leurs terres, parmi lefquels on compte les généraux faint Clair, Parfons, Varnum, Putnam & Tupper, & plufieurs autres perfonnes de diftinction. La valeur de leurs terres eft de beaucoup augmentée. On en a vendu des quantités confidérables l'automne dernier à douze livres par acres, & quelques portions même à cinquante-trois livres ; or les terres fur la rivière de Scioto promettent de bien plus grands avantages que ceux fur le Muskingam, & elles ont une valeur bien plus confidérable. La contiguité des deux établiffemens augmente encore la valeur de l'un & de l'autre.

L'acquifition d'un femblable terrein en Amérique pour le prix de fix livres l'acre, pour lequel on les offre, eft donc une fpéculation qui préfente des avantages non-feulement très-*confidérables*, mais auffi très-*folides* & très-*certains* ; des avantages tels, qu'ils doivent déterminer tous ceux qui ont de l'argent, à l'employer pour fe procurer des revenus affurés, de même que ceux qui defireroient d'avoir quelque jour des poffeffions dans ce pays.

Mais la compagnie a propofé un plan qui fera beaucoup plus avantageux, & qui rend l'exécution de la chofe bien plus facile, & elle a fait des propofitions auxquelles l'agent des propriétaires de ces terres a donné les mains en leur nom.

Les propriétaires confentent à recevoir en paiement, des fonds ou papiers de l'Amérique à raifon de quatre-vingt-dix pour cent. Par ce moyen la compagnie fera un gain clair & net, de plus de vingt-deux & demi pour cent, puifque ce papier peut être acquis à foixante-dix pour cent : ainfi chaque paiement de trois millions fera réduit à 2,333,340, & le paiement entier de la première moitié du paiement à 5,999,930; mais il y a plus, les propriétaires confentent à donner de nouvelles facilités aux acquéreurs par les délais qu'ils accordent pour faire les paiemens, conformément au tableau préfenté ci-après, ainfi la fomme néceffaire pour acquérir cette immenfe quantité de terrein, & pour le mettre en état de fe peupler, & d'être cultivé, ne reviendra pas tout-à-faità 8 millons de livres, ce qui n'eft que dans la proportion de trois livres par acre, c'eft-à-dire, la moitié du prix que ce terrein coûteroit, s'il étoit acheté pour argent comptant, ou s'il étoit acquis par des individus à qui il ne feroit pas poffible de les porter à perfection jufqües à ce que tous les paiemens fuffent faits.

Moyenant le tableau ci-contre on peut d'un coup-d'œil fe mettre au fait de la manière dont les paiemens pourront être faits.

Il paroît de ce qu'on vient de dire que le premier des avantages qui découlera de l'achat de ces terres fait ainfi, eft, qu'il n'y aura part à faire d'avance de plus de la moitié de l'argent; & cet avantage eft fans contredit un des plus confidérables qu'on puiffe imaginer. Mais il refte à examiner fi les produits fe percéveront, & fi les retours fe feront à tems pour faire face aux trois derniers paiemens qui conftituent la moitié du prix entier de l'achat.

Il y a trois moyens de faire de l'argent dans ce terrein, & ces trois moyens peuvent être mis en œuvre dans le même tems; mais il n'y a que les deux premiers fur lefquels nous comptions pour les retours deftinés à fournir aux trois derniers paiemens.

1°. *Manière*. Le bled qui fe receuille dans le pays quand il eft cultivé.

2°. Les porcs à élever fur les terres *non cultivées*; méthode dont on fait ufage en **Amérique** avec un fuccès prodigieux.

3°. Des portions de terres que la compagnie péut vendre à différens colons : & il eft certain que ces terres doubleront·de valeur, auffi-tôt que la compagnie aura fait quelque·légère avance pour cet établiffement.

Explication de la première manière. Si les 500 cultivateurs fur lefquels on a compté dans l'état des dépenfes imprimé à la fin de ce profpectus, étoient envoyés avant l'hiver prochain pour préparer la voie à 3500 autres cultivateurs qui feroient envoyés au printems prochain, cela épargneroit une fomme d'argent confidérable ; mais fuppofé qu'on n'envoyât que le printems prochain quatre mille cultivateurs, alors voici ce qui auroit lieu ; fuppofons que de ces quatre mille perfonnes deux mille foient réellement laboureurs, elles cultiveront facilement, ainfi que l'expérience le prouve, vingt-cinq arpens par tête la première année. Dès la feconde année l'augmentation naturelle des habitans qui à toujours lieu dans de pareilles circonftances & la facilité de la culture feront telles que l'on cultivera cinquante mille arpens.

Le tabac (1) & le coton font les récoltes les plus avangeufes à faire, elles font préférables au froment, & il n'y a point de pays où ces productions, & en particulier le tabac réuffiffent dans un auffi grand degré de perfection que dans le territoire de l'Ohio ; mais comme le froment eft une denrée de première néceffité & dont on trouve toujours le débit en Europe, nous bornerons nos calculs à la récolte de cette denrée. On peut dans ce pays-là compter ordinairement fur un rapport de quarante boiffeaux, mefure d'Angleterre par acre ; mais fuppofons-en feulement trente. Suppofons encore que les Colons arrivent dans ce pays en mars prochain ; la première récolte, favoir celle de l'automne 1790, fera de 1,500,000 boiffeaux ; accordez-en un tiers aux cultivateurs, mettez un fixième en fus à donner gratuitement à des perfonnes qui d'elles

***

(1) Le tabac fur ce côté de l'Ohio eft d'une meilleure qualité que celui de la Virginie même.

même viendront de l'Europe s'établir dans ce pays ou qui y arriveront de quelqu'autre partie de l'Amérique ; il vous reftera 4,700,000 boiffeaux à envoyer en Europe. Le frêt & les autres frais font d'environ vingt-quatre fols : le produit net fera au plus bas taux de quatre livres dix fols par boiffeau livrés en Europe, *ou de 3,375,000 livres pour la moiffon de 1791 qui arrivera en France en janvier 1792.*

La feconde année, il n'eft plus néceffaire de rien réferver pour donner à de nouveaux Colons, il ne faut que le tiers de la récolte pour les cultivateurs.

Le produit de 100,000 acres, après la déduction fait de ce tiers, ira a 2 millions de boiffeaux qui arriveront en janvier 1793.

Il ne faut pas négliger d'obferver que dans ces calculs, on n'a tenu aucun compte du produit du coton, du chanvre, du lin, des pommes de terres au profit des nouveaux habitans & pour l'utilité de leurs familles, ces productions exigent peu de terrein, & il faut bien peu de travail pour qu'il en vienne autant qu'il en faut pour le befoin de chaque maifon, mais pour nous renfermer dans les limites les plus étroites nous déduirons un tiers des retours pour ces objets fur chaque année, & cependant les deux premières récoltes monteroient a plus de 8,200,000. livres.

La troifième récolte reviendra d'après le calcul le plus modéré a 7 millions de livres, & dans cinq ans l'établiffement eft en train, c'eft-à-dire qu'en 1792, la compagnie fera plus que *rembourfée* de l'argent qu'elle aura débourfé & de fes dépenfes, & qu'elle *reftera* en poffeffion d'un *grand revenu & de trois millions d'acres de terre* (1).

Quoique ce calcul doive paroître bien confidérable à

---

(1) Ce calcul s'accorde parfaitement avec les faits ; mais les cultivateurs américains étant tous des particuliers, ils n'ont pas eu les moyens d'envoyer leurs d'enrées en Europe avec avantage ; ainfi ils n'ont jamais cultivé autant qu'ils le pouvoient : voilà la vraie raifon pour laquelle les cultivateurs Américains n'ont jamais recueilli de quoi fe faire des fommes auffi confidérables.

ceux qui ne font pas accoutumées aux immenfes produits de ces délicieufes contrées, cependant l'expérience de plufieurs années à furpaffé fi prodigieufement ce qu'on en attendoit, qu'il eft très-difficile de mettre de l'accord entre la vérité de la chofe & les apparences de la probabilité.

Explication de la feconde manière. Pour donner de la valeur aux terres qui *ne font pas cultivées* d'abord, & qu'il n'eft pas poffible de travailler en entier de quelques années, il convient d'élever un certain nombre de porcs ; comme ces animaux multiplient d'une manière étonnante & s'engraiffent fuffifamment fur les terres incultes, il n'y aura pas de grandes dépenfes à faire à cet égard. Les mâles qu'il faudra tuer pourront fervir à la confommation des habitans au commencement de l'établiffement, & les truyes continueront à être nourries. En mettant dans ce pays au commencement 3000 truyes avec leurs petits, il y en aura dans la première faifon trente mille, & à la feconde faifon, c'eft-à-dire en 1791, il y en aura une quantité affez grande pour mettre la compagnie en état d'exporter par an trente mille barils de porc falé pefant 220 chacun pour l'Europe, dont le prix eft communément de trente-fix à quarante-huit livres le cent pefant ; mais fuppofé qu'il foit de trente livres, le montant de ces trente mille barils, ira à 2,160,000 liv. qui produiront un dividende de feize pour cent au-deffus du prix des actions, tous frais faits ; car comme il y a des falines fur le fol même, les frais pour la falure du porc, &c. ne font pas confidérables (1).

Explication de la troifième manière. Les ventes de terre qui pourroient avoir lieu dépendront d'une fi grande variété de circonftances, qu'il feroit très-difficile de s'en former quelques idées, & en effet ce moyen n'eft pas bien convenable, attendu que chaque vente diminuera de

---

(1) Cette manière de faire valoir les terres *incultes* eft fi certaine, qu'on fe propofe de faire offre d'une foumiffion pour livre 30,000 barils de porc falé en Europe en 1792, & d'une pareille quantité chaque année.

la propriété de la compagnie. Ainsi ces aliénations **ne** peuvent pas être considérées comme un gain , quoique l'on puisse les regarder comme un moyen différent *de procurer des rentrées du capital avancé*. Si on prend la chose dans ce sens , on peut compter ces rentrées sur 500,000 acres , probablement à raison de 8 , 10 & 12 livres & plus par acre , ce qui feroit une somme considérable ; somme qui peut-être pourroit rentrer avant que les actions seroient entièrement payées ; savoir , dès l'année 1791 , & prévenir ainsi les dernières avances sur les actions : mais quant à cet article , il ne convient pas d'établir des calculs comme on l'a fait sur les produits de ce pays.

P L A N.

Pour mettre en valeur les terres dont il est question ici avec un avantage certain , la compagnie propose de fixer d'abord ses spéculations sur la culture de cette espèce de denrée dont le débit n'est pas douteux en Europe : & nommément le bled , le porc sallé & le tabac seront les premiers objets auxquels on s'attachera. Les Colons qui de leur propre mouvement viendront des autres parties de l'Amérique pour se fixer dans ce territoire , se procureront bientôt un autre espèce de revenus , mais ce revenu là ne sera compté pour rien dans le calcul qu'on va faire de la valeur réelle de ces terres.

On propose de faire le commencement de cet établissement avec 4 mille personnes , qu'on enverra encore cette année , & auxquelles on accordera toutes les choses nécessaires , conformément au devis qu'on a fait de ce qui leur est nécessaire pour les mettre en état de travailler.

Le paiement des terres commencera d'après le plan déja tracé de manière à donner toutes les facilités possibles aux acheteurs du terrein , qui verront qu'en suivant ce plan ils seront propriétaires de trois millions d'acres de terres , moyennant le déboursé de *trois livres* par acre ,

& cela payables en trente mois ou deux ans & demi, de forte que la valeur des terres aura commencé à avoir lieu même avant le paiement total de ces trois livres.

1°. Les avantages pour les perfonnes qui defirent avoir des poffeffions en Amérique font immenfes d'après ce plan qu'on propofe. D'abord elles auront une propriété *qui peut être vendue ici à Paris*, au cas qu'elles puffent juger néceffaire de l'aliéner.

2°. Le prix de l'achat qu'elles feront ne paffera pas la moitié du prix auquel il feroit monté fi on l'avoit fait par tête ou individuellement, parce qu'il feroit impoffible d'accorder à chaque individu aucune des facilités que la grandeur de l'affaire engage les propriétaires d'accorder à une compagnie.

3°. Les terres qui feroient poffédées par un particulier, s'il défiroit fe féparer de la compagnie, font à côté d'autres terres qui font déja actuellement cultivées ou qui vont l'être, ce qui double la valeur de ces terres, & en bien des cas les porte à beaucoup au-delà du double.

4°. La difficulté de trouver de l'argent comptant, a fouvent été, pour ceux qui poffédent des biens en Amérique, une caufe qui a empêché les particuliers de faire tranfporter par eux-mêmes les produits de leurs terres en Europe, qui eft le marché de l'Amérique ; ce qui les oblige ou de les vendre à un prix bas fur le fol même à quelque acheteur, ou de les envoyer pour leur compte à quelque marchand en Europe, qui, dans ce cas, leur en donne précifément ce qu'il lui plaît ; de manière que dans l'un & l'autre cas ils ne reçoivent point l'équivalent de leur véritable valeur ; là où au contraire cette compagnie recevra les productions de ces terres au plus bas prix poffible, & pourra les vendre à fon plus grand profit. Les propriétaires actuels font fi affurés des faits qu'ils avancent qu'ils ne font nulle difficulté de fonder les trois derniers paiemens qu'ils auront à recevoir fur la certitude qu'ils en ont ; on doit ajouter au refte que dans l'année 1792, on pourra envoyer en Europe 8 millions de boiffeaux de grain, & 30,000 barils de porc falé, qui, évalués à foixante-douze livres le baril, produiront 2,160,000 livres & le froment à quatre livres dix fols le boiffeau produira 3,600,000 livres, en tout la fomme de 5,750,000 livres.

L'année après, les fommes qui viendront de ces deux denrées feront bien plus confidérables encore.

Voici la manière dont on propofe de mettre tout ceci en exécution.

ARTICLE PREMIER.

Il y aura 8000 actions non payables au porteur, mais qui pourront être tranfportées par un fimple endoffement, le nom du préfent propriétaire, étant toujours fur le dos de l'action.

ART. II.

Chaque propriétaire de chacune de ces actions aura droit à un huit millième dans les bénéfices qui veindront à la compagnie, c'eft-à-dire qu'il lui en reviendra autant de huit millième part qu'il aura d'actions.

ART. III.

Au cas où le propriétaire de quelqu'action ou d'un certain nombre d'actions défirât après tous les paiemens faits, être mis par la propriétaires à venir en poffeffion d'un certain nombre défini d'acres, alors il aura le droit de demander qu'on lui accorde une portion de terrein en proportion de fa propriété dans la compagnie.

ART. IV.

Celui qui feroit tous les paiemens d'avance ou qui donneroit à la compagnie les fûretés convenables en fon nom jouiroit du privilège exprimé dans l'article précédent, même avant que la compagnie ait fini de faire les paiemens pour lefquels elle s'eft engagée.

ART.

A r t. V.

D'après un arpentage du terrein qui fera fait dès que la compagnie en fera réellemement en poffeffion, il fe fera une évaluation du prix de ces terres avant qu'aucune portion quelconque puiffe en être cédée à aucun individu, pour être déterminé à quel prix elles feront données contre des actions dans la compagnie fans qu'on puiffe augmenter ou diminuer ce prix à l'exception feulement du montant des dépenfes qu'il faudra y ajouter.

Mais fi ces mêmes terres font vendues à des perfonnes qui n'ont point d'actions dans la compagnie, alors leur prix fera plus grand, & il pourra être fixé au bon plaifir de la compagnie, puifqu'il eft certain que la valeur de chaque acre dans cette grande étendue de terrein augmentera confidérablement au moment où il fera dans les mains d'une compagnie dont l'intention fera de le peupler & de le mettre en valeur.

A r t. V I.

Le paiement des actions fe fera en différens termes, ainfi que cela fera réglé par la pluralité des actionnaires, de manière que la compagnie puiffe faire honneur à fes paiemens aux époques où ils échéront envers les propriétaires actuels, & qu'ils foient mis en état d'envoyer le nombre de cultivateurs néceffaires, conformément à ce qui eft exprimé dans la p. 14.

A r t. V I I.

Les actionnaires ne pourront prendre aucune réfolution pour obliger chacun d'eux à payer plus de 200 livres, où la cinquième partie de chaque action dans douze mois à compter de la datte où l'acte de fociété fera figné, de manière qu'aucun actionnaire ne pourra être gêné pour faire avancer les paiemens plus qu'il ne le voudroit dans la première année.

A r t. V I I I-

Pour avoir voix dans l'affemblée des actionnaires, il faudra être propriétaire de cinquante actions, mais perfonne ne pourra y avoir plus de cinq voix.

C

(18)

A r t. I X.

Il fera nommé des directeurs & des régiffeurs, & aucun agent quelconque ne pourra être payé que par leurs ordres.

A r t. X.

On donnera des ordres le plutôt que faire fe pourra à quelques perfonnes pour procurer des fonds Américains , qui feront payables moitié comptant , moitié dans le courant de l'année. On donnera ces papiers en paiement des terres aux époques fixées.

A r r. X I.

Les actions porteront intérêt à 5 pour cent jufqu'au premier Avril 1792.

RÉSUMÉ DES AVANTAGES SUSDITS.

Pour réfumer en peu de paroles les avantages qui réfultent du plan fufdit, il fuffit de remarquer.

Que l'achat dont il eft queftion , eft l'acquifition d'un fol du plus riche produit qu'il foit poffible d'imaginer, dans un climat excellent. Le témoignage uniforme d'une grande quantité de perfonnes, de Français , d'Anglais , d'Américains en fournit une preuve fans réplique. Il feroit abfurde de fuppofer que des perfonnes qui n'ont aucun intérêt dans la chofe, qui ne fe connoiffoient point & dont l'unique but étoit de dire la vérité , fe fuffent rencontrées toutes dans le même point , pour dire les mêmes chofes , fi elles n'avoient été exactement conformes à la réalité.

Le confentement que donnent les propriétaires de recevoir leurs paiemens à de fi long termes eft encore une preuve fans réplique qu'ils favent que les rentrées peuvent fournir au quatrième , cinquième & fixième paiement, & que fans ces rentrées ils ne pourroient pas être payés par une compagnie qui n'a pas les fonds fuffifans pour faire ces paiemens en entier.

L'avantage de payer en papier, eſt ſi grand, que les acheteurs auront toujours de bons acres de terre pour plus d'argent qu'ils ne débourſent d'abord. La majeure partie de ces terres ſera cultivée de manière que quand même (ce qui eſt à-peu-près impoſſible) les retours ne procureroient pas les rentrées attendues, il y auroit encore un grand bénéfice à faire, qui réſulteroit du ſol même du pays dés qu'il y auroit du monde pour le cultiver & pour l'habiter ; dès-lors même chaque acre de terre augmentera tellement de valeur, qu'en cas qu'on veuille le vendre le prix en ſera infiniment plus conſidérable que celui de l'achat.

Il y a dans ce pays des mines de ſel : avant que le pays en entier ſoit mis en culture des porcs & des troupeaux de bœufs peuvent procurer un revenu par les terres incultes : on peut les ſaler & les envoyer en France & chez les autres peuples de l'Europe où les Salines ſerviront au pourvoyement des Marines & à d'autres objets.

Les facilités accordées pour le paiement & les avantages de commencer cette culture avec une grande économie, ſont tels, qu'il eſt probable, que le pays ne coûtera jamais aux acquéreurs une avance d'argent de plus *de deux livres dix-huit ſols* par acre, & pour le paiement de cette modique ſomme on à deux ans & demi pour le faire.

Chaque acquéreur a le droit de ſe ſéparer de la compagnie, & de recevoir une portion de terrein dans la proportion des actions qu'il à, ce qui eſt une des circonſtances la plus avantageuſe poſſible, puiſqu'après quelques années le propriétaire de 20 actions peut être, s'il le veut, propriétaire de 7500 acres ou de 9000 arpens de France, que chacun pourra vendre ou donner à ferme.

Comme il a été pourvu aux frais néceſſaires à l'éducation de la jeuneſſe & à ceux pour l'érection & l'entretien d'égliſes, & comme dans ce pays les impôts ne montent pas à plus de quatre livres par tête, ces terres ſi fertiles, ſituées dans un ſi excellent climat, & ſous le meilleur des

gouvernemens , feront affermées à quatre livres par acre ,
ce qui fera un revenu de 27000 livres au propriétaire de
vingt actions ; mais fi quelques propriétaires prenoient le
parti d'aller réfider fur fa terre , elle lui produiroit quatre
fois autant peut-être ; cependant pour une compagnie le
plus grand des avantages eft d'être établie en Europe
parce qu'elle peut mettre à profit les denrées qui pro-
viendront de ce fol , bien mieux que ceux qui font en Amérique.

On fe fait affez généralement cette objection , que les
agens qui font fur le fol & loin de leurs commettans n'ont
pas un foin auffi grand des intérêts de ces derniers , que
ceux-ci l'auroient eux-mêmes. On ne conteftera par le fait ,
& on fuppofera que cela peut occafionner une perte confidérable : évaluons-là à un tiers , quoique cette évaluation foit exceffive ; mais le moyen qu'aura la compagnie
de fe procurer une vente avantageufe en Europe de fes
productions , affure un avantage bien plus grand que toutes les économies de ces cultivateurs , qui font eux-mêmes
la récolte de leurs terres ; mais qui ne font pas dans le
cas de débiter avantageufement leurs denrées en Europe.

Les points de vues les plus avantageux qui fe préfen-
tent dans cette affaire font donc ceux-ci : de tirer parti du
papier de l'Amérique pour payer le prix des terres , & de
cultiver les terres comme le peut une compagnie ; mais
après tout , quand les grands avantages qui peuvent dériver
de ces points fe feront fait fentir en abondance à tous les
membres de la compagnie , ils pourront encore , s'ils le
veulent , convertir leur propriété en établiffemens indi-
viduels.

Et à ces avantages qui font en faveur de la compagnie
ou des individus qui la compofent , on peut en ajouter
un autre encore pour cette Nation. La France n'a pas
befoin en général , qu'on y porte du bled , cependant
l'expérience du moment , démontre que quelques fois cela
devient néceffaire ; or cela étant ainfi , elle pourra obte-
nir la quantité de bled dont elle aura befoin fans faire

paſſer ſon argent à l'étranger, & il eſt plus que probable que les perſonnes qui font monter les importations à un ſi haut prix (& qui occaſionnent par-là des beſoins) ne feront plus de pareilles ſpéculations lorſque cette ſociété ſera établie.

La marine Françaiſe trouvera également ſon compte dans l'approviſionnement quelle pourra faire là de ſalines, & cet objet eſt pour elle de la plus haute importance.

DEVIS

des dépenses à faire pour envoyer les Cultivateurs avec les choses qui leur sont nécessaires.

SAVOIR :

	En France.	En Irlande.	En Amériq.
Paſſage de quatre mille perſonnes en Amérique, à 80 liv. par tête.		320,000.	
Frais du voyage d'Alexandrie où l'on débarque, juſqu'a la Colonie, à 20 liv.			80,000.
Quatre cens fuſils à 15 liv.	6,000.		
Poudre, plomb, lignes & filets.	3,000.		
Quatre cens chevaux à acheter en Amérique, à 50 liv.			20,000.
Frais pour amener les chevaux, à 4 liv.			1,600.
Deux cens ânes à 50 liv. à acheter en Amérique.			10,000.
Frais pour amener les ânes, à 3 liv.			600.
Deux cens charrues & les uſtenſiles qui y ſont relatifs, à 20 liv.			4,000.
Deux cens vaches, à 60 liv. & les frais juſqu'à l'endroit 3 liv.			12,600.
Cent brébis à 6 liv., & les frais 1 liv.			700.
Deux mille truies & leurs petits, à 8 liv. & les frais juſqu'à l'endroit, 1 liv.			18,000.
Vingt-cinq mille boiſſeaux de bled pour les ſemailles, à 4 liv. le boiſſeau anglois.			100,000.
Semailles de pluſieurs eſpéces.			5,000.
Proviſions néceſſaires pour ſix mois, à raiſon de 6 ſols par jour.			216,000.
Pour des uſtenciles de différentes eſpéces.			20,000.
Pour conſtruction des moulins à farine en Amérique.			8,000.
Cloux & autres menus articles.			10,000.
Diverſes choſes inattendues.			10,000.
Dépenſes des agens en Amérique, pour deux années.			40,000.
Dépenſes des agens en Irlande, pour ceux qui procureront les Colons.		12,000.	
Commiſſion au négociant qui ſera chargé de l'embarquement.		1,000.	
Fret des différentes choſes achetées en Europe, & envoyées en Amérique.	3,000.		
Totaux.	12,000.	333,000.	456,500.

En France , 12,000.
En Irlande , 333,000.
En Amérique , 456,500.
——————
801,000.

N. B. Si contre toute attente ces frais montoient plus haut que le Bordereau ci-deſſus l'annonce, les Propriétaires actuels ſe chargent de payer l'excédent, pourvu que les objets ci-deſſus reſtent les mêmes, & quant à leur nombre, & quant à leur quantité.